AF340518

NOTICE BIOGRAPHIQUE

SUR

MGR LANGÉNIEUX

ARCHEVÊQUE DE REIMS

PRIMAT DE LA GAULE-BELGIQUE

PRIX : **15** cent.

REIMS

IMPRIMERIE ET LIBRAIRIE MATOT-BRAINE

RUE DU CADRAN-SAINT-PIERRE

—

1875

NOTICE BIOGRAPHIQUE

SUR

MONSEIGNEUR LANGÉNIEUX

ARCHEVÊQUE DE REIMS

L'arrivée d'un archevêque est un fait qui marque partout ; mais l'arrivée d'un archevêque à Reims a une importance tout-à-fait à part.

Tant de souvenirs se rattachent au siége de Saint-Remi ! L'histoire de la France monarchique est liée si intimement à l'histoire de l'Eglise de Reims. N'est-ce pas à Reims en effet que tant de rois depuis Clovis jusqu'à Charles X, sont venus recevoir de la main de nos Pontifes l'onction sainte qui devait les rendre sacrés aux yeux du peuple.

Et puis la liste des 101 archevêques que compte notre siége métropolitain contient des noms si illustre ! 13 de nos archevêques sont canonisés, 18 ont été cardinaux et un pape ; tous se sont distingués par leur science et leur vertu. Contentons-nous de citer ceux que nous avons connus depuis la révolution.

Le siége archiépiscopal de Reims a pour suffragants les évêques de Soissons, Châlons, Beauvais et Amiens. Il fut rétabli en 1816 et occupé depuis cette époque par quatre prélats dont les rémois conserveront longtemps encore le souvenir. Monseigneur de Coucy, Ardennais, tint la crosse de 1816 à 1824 ; il eut pour successeur le cardinal de Latil, mort en 1839 ; vient ensuite le regretté Cardinal Gousset, décédé en 1866. On se rappelle que le dernier titulaire, Monseigneur Landriot, mourut presque subitement le 8 Juin 1874.

Nous avons attendu jusqu'aujourd'hui, 22 Février 1875, l'arrivée de son successeur, Monseigneur BENOIT-MARIE LANGÉNIEUX, nommé Archevêque de Reims par décret du Président de la République le 15 Novembre 1874. Il est né le 15 Octobre 1824, à Villefranche (Rhône). Il fut élevé à Paris dans le Séminaire de Saint-Nicolas, et placé sous la direction de l'abbé Dupanloup ; ses études qu'il termina dans le Séminaire de Saint-Sulpice, furent brillantes et solides. Il était précepteur dans la famille de Noailles lorsqu'il fut ordonné prêtre en 1850 et nommé vicaire à Saint-Roch. C'est là qu'après neuf ans d'exercice, Monseigneur Morlot — Champenois devenu successivement archevêque de Tours et de Paris — vint le prendre pour l'associer aux fatigues de l'administration diocésaine.

Il lui confia en 1859 la charge délicate de Vice-Promoteur et le nomma chanoine honoraire de sa métropole.

En 1863, l'abbé Langénieux qui avait donné des preuves sans nombre de son habileté administrative, fut nommé curé de Saint-Ambroise, paroisse de plus de cinquante mille âmes, où il resta cinq ans. Appelé à la fin de 1867, par Monseigneur Darboy, Archevêque de Paris — né en Champagne, comme son prédécesseur — à la cure de Saint-Augustin, il pressa l'inauguration de la nouvelle église, fit bâtir un presbytère somptueux et fixa l'avenir des écoles chrétiennes et des Sœurs de Saint Vincent de Paul établies sur la paroisse. On se souviendra longtemps à Paris des nombreux auditoires d'hommes qui se groupaient autour de la chaire de l'abbé Langénieux pour entendre ses bienveillantes et cordiales paroles.

Pendant le siège de Paris et les troubles qui suivirent, l'abbé Langénieux prodigua ses services et ses consolations affectueuses aux misères morales et matérielles qui l'entouraient. Après la nomination de Monseigneur Guibert, il fut appelé aux conseils de l'Archevêché, devint vicaire-général de Notre-Dame, et sut se distinguer par une rare expérience dans la gestion des affaires les plus délicates et les plus graves. Aussi, lorsqu'il fut appelé par M. le Président de la République, le 19 Juin 1873, au siège épiscopal de Tarbes, son élévation méritée, suscita dans le diocèse de Paris d'unanimes regrets. « Vous savez, disait Monseigneur Guibert à ses prêtres avant de clore la retraite, vous savez qu'on nous enlève l'abbé Langénieux ; c'est une grande perte pour moi, on me prive trop tôt des lumières de ce saint prêtre ; mais il faut se soumettre à la volonté de Dieu, il était du reste désigné depuis longtemps par l'opinion publique pour diriger un diocèse. »

Voici comment un journal de Paris s'exprimait sur la popularité acquise par l'ancien curé de Saint-Ambroise :

« Parler de Monseigneur Langénieux, c'est évoquer pour bien des Parisiens le souvenir d'un ami. Il est de ces hommes en effet qu'on n'oublie pas aisément, parce que partout ils laissent après eux des traces profondes de leur passage. Et comment pourrait-il en être autrement pour l'ancien curé de Saint-Augustin ?

» Il nous semble encore le voir avec cet entrain irrésistible qui, dans la capitale, opérait des prodiges. Infatigable pour le bien, à l'affût, pour ainsi dire, des bonnes œuvres, M. Langénieux paraît fait pour se multiplier et répondre d'inspiration aux besoins du moment. Dès qu'une misère surgit, on est sûr qu'il sera là pour y porter remède. Il a mis la main à tout, et son patronage est pour une fondation un véritable certificat de vitalité. Si nous étions au Moyen-Age, nous dirions qu'il est né sous une heureuse étoile.

» Il est petit ; mais, à la souplesse de ses mouvements, on devine une nature toujours en haleine et avide d'activité. Ses cheveux, d'un noir de jais, encadrent fort heureusement une physionomie pétillante d'expression. Son œil noir va sonder jusque dans les replis du cœur. Sa tenue est toujours irréprochable ; ses manières affables, distinguées. Sur ses lèvres court perpétuellement le sourire de la franchise, de la bienveillance et de la générosité : ce qu'il ne peut accorder, il sait le refuser avec une grâce infinie.

» Orateur distingué, sa puissance consiste principalement dans le charme de sa parole. Il laisse parler son cœur, parce qu'il sait y rencontrer de nobles et patriotiques accents : quelques phrases lui suffisent pour s'emparer d'un auditoire. Il est incomparable pour la promptitude avec laquelle il conçoit un projet ; il est non moins habile dans le choix des bras propres à l'exécuter. Son administration sera pour longtemps époque dans le clergé de Paris : il avait le talent de mener tout à bien sans froisser personne. Ajoutez à son esprit de conciliation une grande force de volonté. Aussi une dame de la haute aristocratie parisienne disait dernièrement en parlant des difficultés gouvernementales : *Pour débrouiller tout cela, il faudrait un Monseigneur Langénieux renforcé.*

» L'évêque de Tarbes est comme un point de contact entre toutes les classes de la société. Les pauvres viennent solliciter sa protection, et ils ne sont pas les plus mal reçus. Les riches aiment à se ménager un ami dans la personne de ce prélat qui, sans négliger son ministère, sait si bien tenir sa place au milieu d'eux. Aussi, que d'illustrations s'honoraient à Paris de l'intimité de l'abbé Langénieux.

» Nous pouvons dire sans exagération que jamais curé de Paris ne fut plus aimé de son clergé. Il voyait dans ses vicaires non-seulement des collaborateurs, mais surtout des amis, et il les traitait en conséquence. Ajoutons aussi qu'il avait des hommes capables de le comprendre. Une petite indiscrétion à ce sujet : un vicaire de Saint-Augustin avait depuis longtemps projeté un pèlerinage à la Salette. La veille de son départ, il va faire visite à M. Langénieux : le lendemain, au moment de se mettre en route, le pèlerin reçoit avec une enveloppe la carte de son curé qui lui avait écrit : « L'abbé Langénieux prie son cher vicaire X*** d'offrir

» à son intention le Saint-Sacrifice au sanctuaire de la Salette. »
Comme honoraires de la messe demandée, l'enveloppe renfermait
un billet de 500 francs.

» Au moment de quitter Paris pour se rendre à Tarbes, M. Langénieux reçut une foule de cartes dont beaucoup portaient : « Au
» revoir et non pas adieu. »

Préconisé le 25 Juillet 1873, il fut sacré le 28
Octobre à Notre-Dame de Paris, par Monseigneur
Guibert, assisté de Monseigneur de Marguerye,
ancien évêque d'Autun, et de Monseigneur Jeancard,
évêque de Cérame *in partibus infidelium*, en présence
de sept prélats. Il data sa première lettre pas-
torale du jour de son sacre et fut solennellement
installé à Tarbes le 6 Novembre.

En moins de treize mois, l'évêque de Tarbes
et de Lourdes, exécuta dans son diocèse des
œuvres que l'on serait heureux de réaliser en
plusieurs années. Son passage trop court dans
les Pyrénées a laissé des traces profondes et des
regrets dont la *Revue catholique* de Tarbes se faisait
l'écho en s'écriant :

« Monseigneur Langénieux, a définitivement
quitté la ville et le diocèse de Tarbes. Le Lundi
25 Janvier il était allé à Notre-Dame de Lourdes
pour un dernier pèlerinage à la grotte miracu-
leuse qui l'avait vu prier souvent et qu'il voulait
embellir avec tant de magnificence. Il jeta un
dernier regard sur les immenses travaux qu'il
avait fait entreprendre pour faciliter aux pèlerins

l'accès de la basilique, il voulut visiter encore une fois, malgré la pluie, les constructions commencées et bénir les deux cents ouvriers qui travaillaient à la réalisation des plans gigantesques qu'il avait conçus. Les missionnaires de Lourdes eurent ses dernières paroles avec une dernière bénédiction. Jamais Monseigneur ne fut mieux inspiré ni plus touchant et les larmes montèrent aux yeux de tous lorsque, avec une émotion qu'il ne pouvait dissimuler, on l'entendit recommander à Monseigneur Peyramale sa chère œuvre de Lourdes. Il ne frappait pas inutilement à la porte d'un si grand cœur et il en obtint des promesses qui le rassurèrent sur l'avenir de ses projets. Il partit moins triste, sinon consolé, et reprit le chemin de Tarbes où l'attendait une nouvelle séparation et de nouveaux déchirements de cœur.

» La nuit qui précéda son départ lui fournit l'occasion de donner une nouvelle preuve de son dévouement. Un incendie se déclara à la boulangerie militaire et le toscin retentit au milieu de la nuit. Les séminaires s'étaient levés au premier appel d'alarme : les élèves apparurent les premiers sur le théâtre du sinistre et travaillèrent avec le plus actif dévouement a éteindre le progrès des flammes. C'est là, sur ce champ de bataille, et en face du danger, qu'il leur fit ses adieux et leur donna sa dernière bénédiction.

» Quelques heures après nous le retrouvons à

la gare. Il était venu en triomphe et voulut partir à l'insçu de tous et garder pour lui seul les émotions du départ. Mais cette délicatesse de son cœur fut trompée et il trouva réunis dans la salle d'attente les dignitaires et les membres du Chapitre, les directeurs des séminaires, le clergé de la ville et plusieurs prêtres des environs qui, malgré l'heure matinale et le mauvais temps, étaient venus lui renouveler l'expression de leurs regrets.

» Cette dernière scène fut si touchante que les étrangers et les employés de la gare en furent eux-mêmes émus. Il eut aussi dans le cœur des impressions de tristesse et des larmes qui se révélaient dans la contraction du visage.

» Les vicaires-capitulaires qui avaient accompagné Monseigneur depuis l'évêché eurent ses suprèmes recommandations et il bénit encore une fois ces collaborateurs si dévoués de son administration. Il leur recommanda sa mère et ses œuvres et ce fut les dernières paroles du fils et de l'évêque.

» L'heure règlementaire du départ s'était écoulée de quelques minutes sans qu'on eût osé interrompre des adieux si touchants. Enfin le signal se fit entendre et le train s'avança emportant vers Rome celui qui fut dans le diocèse de Tarbes un évêque si intelligent et si zélé, un père si dévoué pour son clergé et pour son peuple. »

Reçu plusieurs fois par Pie IX, le nouvel Archevêque de Reims, s'est entretenu avec le Père commun des fidèles sur tous les grands sujets moraux de notre époque. Comme à Paris et Tarbes, il a laissé dans la capitale du monde chrétien un excellent souvenir.

Le premier acte administratif de Monseigneur Langénieux dans le diocèse de Reims a été de rendre le titre de vicaire général aux trois derniers titulaires, MM. Butot, Juillet et Tourneur, dont il n'est plus permis d'ignorer l'expérience et la science historique, et de confirmer la nomination de M. l'abbé Deglaire, aumônier du Lycée, à la cure de Notre-Dame.

L'écusson du prélat est blasonné d'azur, à la croix d'argent potencée, cantonnée de quatre croisettes de même, avec la devise : *Vivat in me Christus.*

Outre ses armoiries, il fait usage d'un sceau ogival représentant Notre-Dame de Lourdes, avec saint Ambroise et saint Augustin, accostés l'un et l'autre des trois premières lettres de leur nom. La partie inférieure du sceau est occupée par les armoiries du prélat, surmontées de la devise : *Sub tuum præsidium.*

Par les deux saints figurés sur le sceau, Monseigneur Langénieux rappelle qu'il a été curé des paroisses Saint-Ambroise et Saint-Augustin à Paris.

La sympathie acquise au prélat dans les différentes phases de sa carrière sacerdotale est pour le diocèse de Reims un heureux présage. Espérons qu'il sera connu et apprécié comme le regretté cardinal Gousset, au sein de nos campagnes et de nos cités populeuses, et que l'estime générale viendra bientôt le récompenser de ses travaux apostoliques.

RÉCEPTION SOLENNELLE

DE

MGR B.-M. LANGÉNIEUX

Le 22 Février 1875

ORDRE DE LA CÉRÉMONIE

A onze heures et demie, réunion du clergé à la cathédrale.

A onze heures trois quarts, départ pour la gare en procession.

Monseigneur arrive à midi ; il est reçu sur le quai de la gare par les autorités de la ville, puis, dans le salon qui lui est préparé, par le Doyen du Chapitre.

Après avoir revêtu ses habits pontificaux, Monseigneur sort du salon et du haut de l'estrade adossée au pavillon gauche de la gare donne sa première bénédiction à la ville et au diocèse.

Puis le cortége se met en marche.

La procession suivra les rues de la Gare, de Talleyrand, de Vesle, Tronsson-Ducoudray, place du Parvis.

Monseigneur est reçu à la porte de la Cathédrale par le Chapitre ; il reçoit l'encens des mains du doyen, qui le conduit au prie-Dieu disposé en bas du chœur, et de là à la chaire, d'où il adressera la parole aux fidèles.

Ensuite aura lieu la cérémonie d'installation.

A l'issue des prières, le cortége sortira par le grand portail pour accompagner Monseigneur jusqu'à l'Archevêché.

Quelques instants après sa rentrée, réception officielle des différentes autorités.

LE PALAIS ARCHIÉPISCOPAL DE REIMS

Le Palais archiépiscopal fut commencé en 1498 par Guillaume Briçonnet, et achevé par Robert de Lenoncourt en 1509. Le cardinal Charles-Maurice Letellier, n'en trouvant pas la distribution convenable, fit, en 1675, reconstruire la façade et la grande salle, telles qu'elles existent aujourd'hui. Depuis cette époque, les archevêques en négligèrent l'entretien, et lorsque la révolution éclata, il fut transformé en un Palais-de-Justice. Les Tribunaux civil et de commerce, la Cour d'assises, les greffes, la gendarmerie, y furent installés, et la chapelle devint une maison d'arrêt. Au commencement de janvier 1825, les tribunaux ayant été transférés à l'Hôtel-de-Ville, la prison dans les bâtiments de l'Hôtel-Dieu, le palais archiépiscopal fut rendu à sa destination primitive.

La vaste salle qui se trouve au haut du perron, et qui conduit aux appartements, a toujours servi à l'époque des sacres, pour le festin royal. Une immense cheminée, dans le style du XVe siècle, se trouve à l'une de ses extrémités. Un plafond en plâtre suit et couvre les contours de la voûte, dont l'ogive présente une concavité immense, peinte en bleu tendre, parsemée d'étoiles d'or.

Les portraits des 11 rois, séparés par de riches panneaux à fond blanc, décorent le pourtour de la salle. Au-dessus de la corniche est une riche dentelure, ornée de médaillons, représentant seize de nos archevêques; les croisées, terminées en ogive, sont garnies de vitraux de couleur. Enfin, toutes les parties de cette salle concordent harmonieusement entre elles, tout y est du style gothique le plus parfait.

Une porte de cette salle, la plus voisine de la cheminée, donne accès à la plus élégante chapelle que le treizième siècle ait produite. Nous n'essaierons pas de décrire ce chef-d'œuvre de la première période du style ogival, nous nous contenterons de l'indiquer à la curiosité de tous les amis du beau. En 1793, on brisa les riches verrières qui décoraient ses fenêtres; en 1811, ce magnifique édifice fut converti en prison, et ne fut rendu à sa première destination qu'en 1824. Depuis, on y a fait des restaurations de plus ou moins bon goût. Le pavé de marbre, la restauration des murs et des bases de piliers, qui remontent au sacre de Charles X, contrastent avec la sévérité du monument. Sous Louis-Philippe, on a aussi placé des bénitiers et un portique, qui sont d'un travail riche, mais qui ont le tort, d'être un anachronisme.

Au-dessous de la chapelle, existe une crypte que l'on fait généralement remonter au onzième siècle. C'est là que se trouve actuellement installé le musée archéologique, nouvellement fondé qui a pour principale richesse le tombeau de Jovin, la belle série de bustes des douze César, acquise par M. Duquenelle.

L'appartement du roi pendant le dernier sacre occupe tout le rez-de-chaussée, et se compose de six vastes pièces, une salle des gardes, une salle des huissiers, un premier salon, qui aujourd'hui sert aux réunions de l'académie nationale de Reims, le grand salon de réception, un cabinet et une chambre à coucher; toutes

ces salles sont dorées sur fond blanc et décorées de tentures
somptueuses, de couleurs variées, en velours ou en soie, avec des
ornements en or. La beauté, la richesse des plafonds n'est pas la
partie la moins remarquable de ces appartements ; ils étaient
coupés par des poutres extrêmement saillantes, qui produisaient à
l'œil un effet désagréable ; on a remédié à ce défaut d'une manière
très-ingénieuse, on a simulé les plafonds en cartouches, dont chacun a reçu une rosace ou armoiries en or. On admire surtout dans
le plafond de la chambre à coucher, un tableau allégorique de
grande dimension, représentant l'alliance de la religion, du roi et
de la justice, figurés par des anges ; presque tous les tableaux et
les portraits de l'archevêché, sont dus au pinceau du célèbre Gosse.

Pendant les vingt-six années qu'il a occupé si glorieusement le
siége de Reims, le cardinal Gousset n'a sollicité aucun embellisse-
ment pour la partie du palais archiépiscopal qu'il habitait ; il a
seulement demandé et obtenu une demeure somptueuse pour la
bibliothèque qu'il a créée et laissée par testament à l'archevêché.
Les seize mille volumes qu'il a su choisir et acheter, avec autant
de discernement que de générosité, sont étalés dans un magnifique
local qui règne au-dessus des écuries et des remises, c'est-à-dire
qui s'étend depuis la nouvelle chancellerie, jusqu'à la nouvelle
porte latérale qui donne accès à Notre-Dame, par le côté du midi.

A l'heure qu'il est, on a entamé la seconde cour de l'archevêché,
où se trouve le superbe marronnier que chacun admire ; cette
mutilation a été faite pour l'établissement de nouvelles sacristies ;
en revanche, on a embelli, grâce au bon goût de Monseigneur
Landriot, la vieille cour qui est déjà plantée d'arbres et de buis-
sons, et qui dissimulera bientôt derrière la verdure les ateliers qui
longent la cathédrale.

Reims — Imprimerie Matot-Braine.